BEI GRIN MACHT SICH IHR
WISSEN BEZAHLT

- Wir veröffentlichen Ihre Hausarbeit,
  Bachelor- und Masterarbeit

- Ihr eigenes eBook und Buch -
  weltweit in allen wichtigen Shops

- Verdienen Sie an jedem Verkauf

Jetzt bei www.GRIN.com hochladen
und kostenlos publizieren

Michael Schmitt

Konzepte des "Sich-Bewegens" aus Sicht der Sportwissenschaft

GRIN Verlag

Bibliografische Information der Deutschen Nationalbibliothek:

Die Deutsche Bibliothek verzeichnet diese Publikation in der Deutschen National-
bibliografie; detaillierte bibliografische Daten sind im Internet über http://dnb.d-
nb.de/ abrufbar.

Impressum:

Copyright © 2010 GRIN Verlag GmbH
Druck und Bindung: Books on Demand GmbH, Norderstedt Germany
ISBN: 978-3-656-93300-7

Dieses Buch bei GRIN:

http://www.grin.com/de/e-book/283904/konzepte-des-sich-bewegens-aus-sicht-der-
sportwissenschaft

GRIN - Your knowledge has value

Der GRIN Verlag publiziert seit 1998 wissenschaftliche Arbeiten von Studenten, Hochschullehrern und anderen Akademikern als eBook und gedrucktes Buch. Die Verlagswebsite www.grin.com ist die ideale Plattform zur Veröffentlichung von Hausarbeiten, Abschlussarbeiten, wissenschaftlichen Aufsätzen, Dissertationen und Fachbüchern.

Besuchen Sie uns im Internet:

http://www.grin.com/

http://www.facebook.com/grincom

http://www.twitter.com/grin_com

Bewegungsthemen

07.05.2010

Konzepte des „Sich-Bewegens"

Michael Schmitt

Studium des Fachs Sport für ein Lehramt an Gymnasien

Übersicht

1. Einführung
   - → Aneignung von Bewegungen
   - → Begriff: Lernen
2. Das klassische Bewegungskonzept
   - → Lernen als linearer Prozess
   - → Bewegung als Prozess und Produkt
3. Das dialogische Bewegungskonzept
   - → Sich-Bewegen als Funktion
   - → Sich-Bewegen als Handeln

1. Einführung

Die Aneignung der sozial geformten Bewegungen in Sport und Bewegungskultur bedarf in der Regel expliziter Lernprozesse.

Die planmäßige Vermittlung ist jedoch keine unumgängliche Bedingung des Bewegungslernens (Bsp.: Skateboarden, Footbag, Streetball, etc.).

(vgl. Scherer 2001, S. 2)

Videos:

- Footbag: http://www.youtube.com/watch?v=5itJmOo9E_M
- Skateboard: http://www.youtube.com/watch?v=ep2EsHgmvAk

1. Einführung

Begriff: Lernen

Die Bestimmungsstücke des Begriffs „Lernen":

- Bewegungsproblem als Lerngegenstand
- Handlungsvoraussetzungen des Lernenden
- Lehren als Möglichkeit der Veranlassung bzw. Unterstützung
- Lerneffekt (Könnens- bzw. Erfahrungszuwachs)

(vgl. Scherer 2001, S. 3)

1. Einführung

Begriff: Lernen

Der Lernprozess selbst ist weder für den Lernenden noch für den Betrachter ein beobachtbarer Prozess!

→ Deshalb wird das Bewegungslernen bevorzugt über den Lerneffekt beschrieben!

→ Außerdem gibt dies Anlass zu schier unendlich vielen Theorien und Modellen des (Bewegungs-)Lernens!

(vgl. Scherer 2001, S. 2 f)

2. Das klassische Bewegungskonzept

Grundannahme:

Bewegungslernen vollzieht sich in einem linearen Prozess

2. Das klassische Bewegungskonzept

Vergleich des Lernprozesses mit dem Bild einer aufsteigenden Treppe

(vgl. Lange 2009, S. 297)

2. Das klassische Bewegungskonzept

Dies spiegelt sich insbesondere wider in der Darstellung der drei Lernphasen des Lernverlaufs:

1. Entwicklung der Grobkoordination
2. Entwicklung der Feinkoordination
3. Stabilisierung der Feinkoordination und Ausprägung der variablen Verfügbarkeit

(vgl. Meinel & Schnabel 2006, S. 160 ff)

2. Das klassische Bewegungskonzept

Diese Phasen (und die Treppenstufen) implizieren eine Reihenfolge der Entwicklung des Bewegungs- bzw. des motorischen Lernens, die nicht umkehrbar ist.

→ methodische Gestaltung des Bewegungs- bzw. motorischen Lernens muss sich dieser Reihenfolge unterordnen!

(vgl. Meinel & Schnabel 2006, S. 160 ff)

Problem:

Das Bewegungslernen zeigt ausgeprägte Momente nichtlinearer Dynamik.

2. Das klassische Bewegungskonzept

Diese technologische Lehrmethodik geht von einer physikalischen Sichtweise der Bewegung aus

→ Frage nach dem „Wie" der Bewegung

→ Menschliches Bewegen als Prozess, d.h. „die in der Zeit verlaufende Veränderung in einem Gefüge"

(Tamboer 1979, S. 3 nach Buytendijk)

2. Das klassische Bewegungskonzept

Alltägliche Bezeichnungen sowie Fachtermini von Bewegungen sind typologische Objektivationen spezifischer Funktionen und Weisen des Sich-Bewegens.

Die Orientierung an diesen Objektivationen führte insbesondere im Sport zu einer produktorientierten Methodik.

(vgl. Scherer 2009, S. 26)

2. Das klassische Bewegungskonzept

Diese Entfunktionalisierung und situative Abkopplung führt also dazu, dass Bewegung nicht als Funktion sondern als Produkt gesehen wird.

→ Kontrollproblem, da die Vollzugskontrolle nicht über das Handlungsresultat erfolgen kann.

→ Gefahr der Kopflastigkeit, da ökologische Bewegungskontrollen durch kognitive Kontrollen ersetzt werden müssen (Bsp.: Treppe hinunterlaufen)

(vgl. Scherer 2001, S. 7)

2. Das klassische Bewegungskonzept

Aus der physikalischen Sichtweise ergeben sich verschiedene Reihungsprinzipien wie „vom leichten zum schweren", vom einfachen zum komplexen", etc.

→ Orientierung an räumlich-zeitlichen Merkmalen der Bewegung

→ Angemessene Lernziele?

→ Elimination von Sinn und Bedeutung der Bewegung

(vgl. Scherer 2001, S.4 f)

Vom physikalischen zum funktionellen Blickwinkel

3. Das dialogische Bewegungskonzept

- „Dia" (griech.) = „hindurch"

- „Logos" (griech.) = „Sprache", „Wort", „Geist", „Sinn"

3. Das dialogische Bewegungskonzept

Sich-Bewegen als Funktion

Funktion ist „ein unteilbares Ganzes von Veränderungen, sinnvoll bezogen auf etwas außerhalb dieser Veränderungen"

(Buytendijk 1956 in Tamboer 1979, S. 15)

↱ Endzustand ist nicht mehr „nur anders" sondern hat eine „andere Bedeutung" als der Anfangszustand

↳ Frage nicht mehr: „Wie" hat sich etwas verändert?

↳ Frage nach: „Was" bzw. „warum" hat sich etwas verändert?

3. Das dialogische Bewegungskonzept

Grundannahme:

Sich-Bewegen als Handeln

3. Das dialogische Bewegungskonzept

→Handeln ist sinnbezogener Dialog zwischen Mensch und Welt

→   Sich-Bewegen ist eine Form der Begegnung des Menschen mit der Welt, in der er verankert ist

→Änderung der Wahrnehmung: nicht Bewegungen sondern „der sich irgendwo bewegende Mensch" wird wahrgenommen

(vgl. Scherer 2001, S. 9; Taboer 1979, S. 15)

3. Das dialogische Bewegungskonzept

Als Bestimmungsmerkmale für das menschliche Sich-Bewegen können demnach ausgemacht werden:

- der Aktor, der Subjekt der Bewegung ist
- die konkrete Situation, in welche die Bewegungsaktion eingebunden ist
- die Bedeutung, welche die Bewegungsaktion leitet und sie in ihrer Struktur begreiflich macht

(vgl. Trebels 1992, S. 22 nach Gordijn und Buytendijk)

3. Das dialogische Bewegungskonzept

→ Aus diesen drei Bestimmungsmerkmalen ergibt sich ein sinnstiftendes dialektisches Verhältnis zwischen Mensch und Welt,

→ dessen Sinn bzw. Bedeutung nur in Relation zwischen Subjekt und Objekt, also zwischen Mensch und Welt entstehen kann.

(vgl. Scherer 2001, S. 10 f)

3. Das dialogische Bewegungskonzept

→ Diese Bedeutungen sind abhängig von den gegebenen Handlungskontexten und vom Erfahrungshorizont des Lernenden (Bsp.: Klettern).

→ Wahrnehmungs- und Bewegungsmuster werden über Erfahrung – in der Auseinandersetzung zwischen Mensch und Welt – erlernt.

→ Die Antizipationsfähigkeit bildet die Grundlage für Veränderungen im Wahrnehmen und Handeln bzw. Sich-Bewegen.

(vgl. Scherer 2001, S. 12 f)

3. Das dialogische Bewegungskonzept

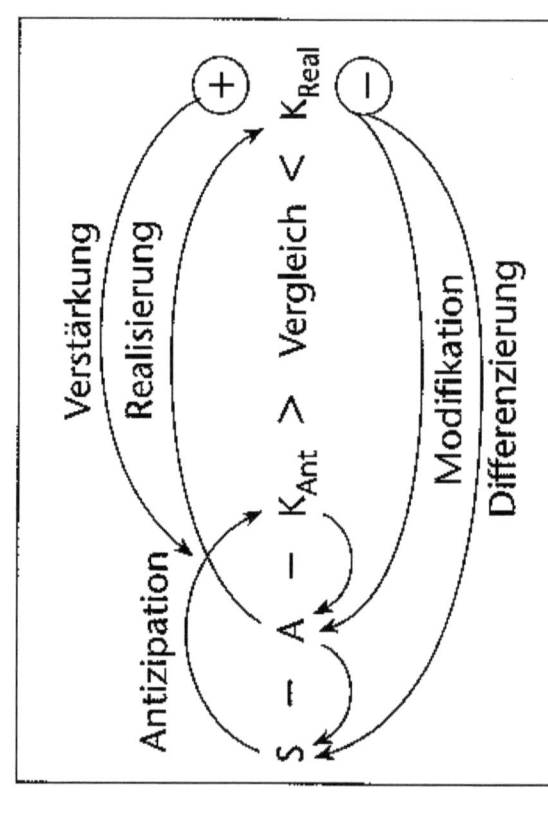

Abb. 2: Gestaltkreis des Bewegungslernens

(Scherer 2001, S. 18)

3. Das dialogische Bewegungskonzept

Wichtigste sportpädagogische Konsequenz aus dieser Wahrnehmungsänderung:

An Handlungsfähigkeit der Schüler anknüpfen, diese nutzen und fördern

→ Sich-Bewegen ist Grundlage, Instrument und Ziel des Lernens

(vgl. Scherer 2001, S. 10)

Literaturverzeichnis

- Buytendijk, F. J. J. (1956). *Allgemeine Theorie der menschlichen Haltung und Bewegung.* Berlin: Springer.

- Lange, H. (2009). Methoden im Sportunterricht. Lehr-/Lernprozesse anleiten, öffnen und einfallsreich inszenieren. In H. Lange & S. Sinning (Hrsg.), *Handbuch Sportdidaktik* (S. 294–318). Balingen: Spitta.

- Lange, H. & Sinning, S. (Hrsg.). (2009). *Handbuch Sportdidaktik* (2. Aufl.). Balingen: Spitta.

- Meinel, K. & Schnabel, G. (2006). *Bewegungslehre - Sportmotorik. Abriss einer Theorie der sportlichen Motorik unter pädagogischem Aspekt* (10., durchges. und aktualisierte Aufl) München: Südwest-Verl.

- Scherer, H.-G. (2001). Zwischen Bewegungslernen und Sich-Bewegen-Lernen. *Sportpädagogik, 25* (4), 1–24.

- Scherer, H.-G. (2009). Zum Gegenstand von Sportunterricht. Bewegung, Spiel und Sport. In H. Lange & S. Sinning (Hrsg.), *Handbuch Sportdidaktik* (S. 24–39). Balingen: Spitta.

- Tamboer, J. W. I. (1979). Sich-Bewegen. Ein Dialog zwischen Mensch und Welt. *Sportpädagogik, 3* (2), 14–19.

- Trebels, A.H. (1992). Das dialogische Bewegungskonzept. *Sportunterricht, 41* (1), 20–29.